RELATION

DE

L'AMBASSADE ANGLAISE,

ENVOYÉE EN 1795

DANS LE ROYAUME D'AVA,

OU L'EMPIRE DES BIRMANS;

PAR LE MAJOR MICHEL SYMES,

CHARGÉ DE CETTE AMBASSADE.

Suivie d'un Voyage fait, en 1798, à COLOMBO, dans l'Ile de Ceylan, et à la Baie de DA LAGOA, sur la côte orientale d'Afrique; — de la Description de l'Ile de CARNICOBAR et des Ruines de MAVALIPOURAM:

TRADUITS DE L'ANGLAIS AVEC DES NOTES,

PAR J. CASTÉRA.

Trois Volumes in-8°., avec une Collection de 30 Planches, dirigées et gravées en taille-douce par J.B.P. TARDIEU, DELIGNON, NIQUET et DELVAUX, et dessinées sur les lieux sous les yeux de l'Ambassadeur.

COLLECTION DE PLANCHES.

A PARIS,

Chez F. BUISSON, Imprimeur-Libraire, rue Hautefeuille, N°. 20.

AN IX (1800)

LISTE

DES CARTES ET PLANCHES

QUI COMPOSENT LE VOLUME in-4°. DE L'ATLAS

GRAVÉ POUR CET OUVRAGE.

TOME PREMIER.

TOME SECOND.

TOME TROISIÈME.

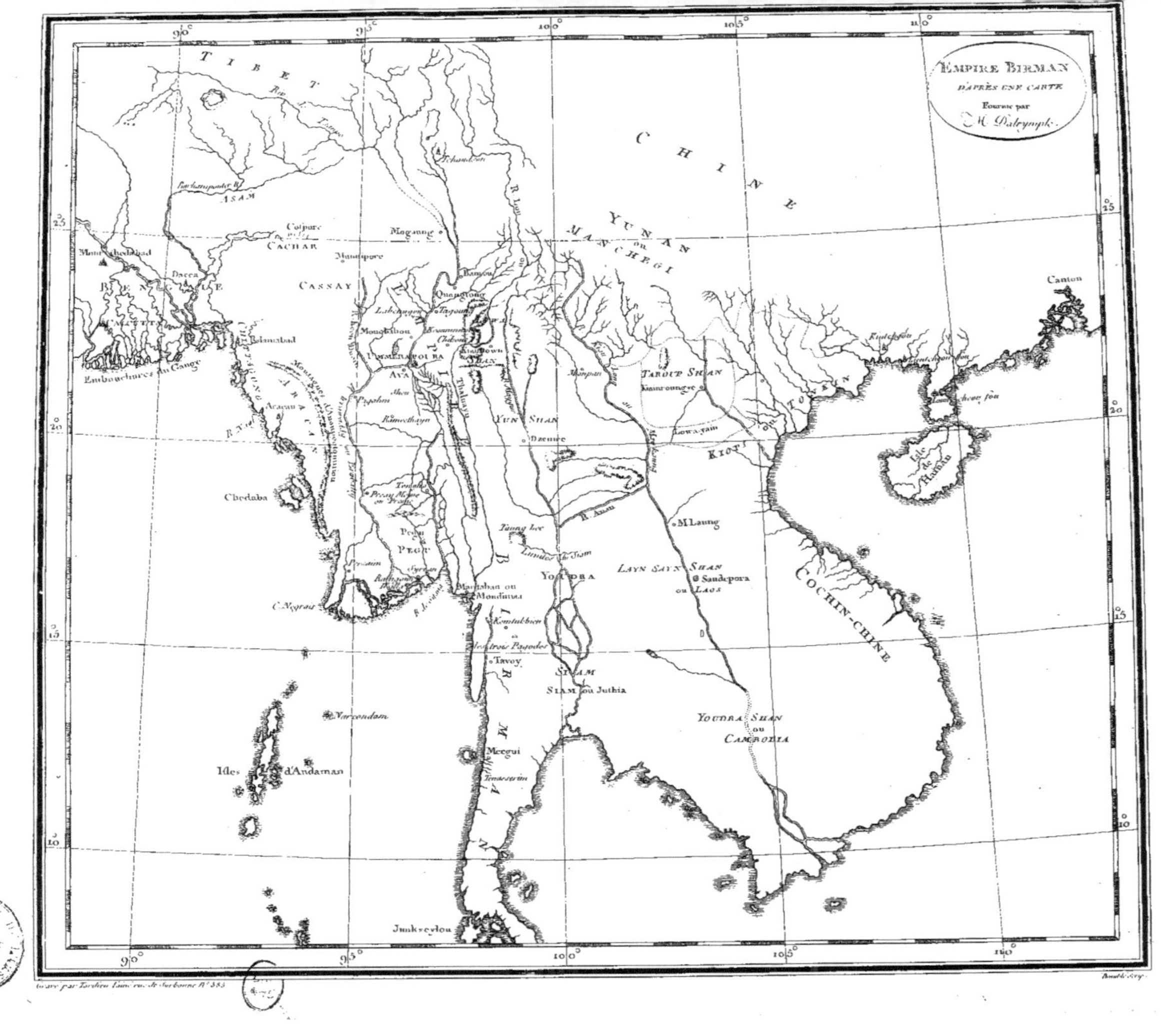

Empire Birman
D'APRÈS UNE CARTE
Fournie par
M. Dalrymple.
TIBET
CHINE
ASAM
YUNAN
ou
MANCHEGI
Mogaung
Colpore
CACHAR
Manipore
Canton
CASSAY
Bamou
Quangyong
MONT Cholhabad
Dacca
BENGALE
M ACUTTE
Islamabad
Mougtabou
UMMERAPOURA
AVA
PIL
TARDUP SHAN
Khanroung ye
TOYSIN
Embouchures du Gange
Pagin
Thaluayn
YUN SHAN
Dzeure
KIOT
Isle
de
Hainan
chen fou
Chedaba
Pegu Major
ou Prome
Tanng Lee
R. Anan
M Laung
LAYN SAYN SHAN
ou LAOS
Sandepora
COCHIN-CHINE
C. Negrais
PEGU
Landes du Siam
Prome
Syriam
YOUDRA
Martaban ou
Mondnina
Kontulbien
les trois Pagodes
SIAM
SIAM ou Juthia
Tavoy
Narcondam
YOUDRA SHAN
ou
CAMBODIA
Idles d'Andaman
Meegui
Tenasserim
Junkceylou
Tardieu grav.

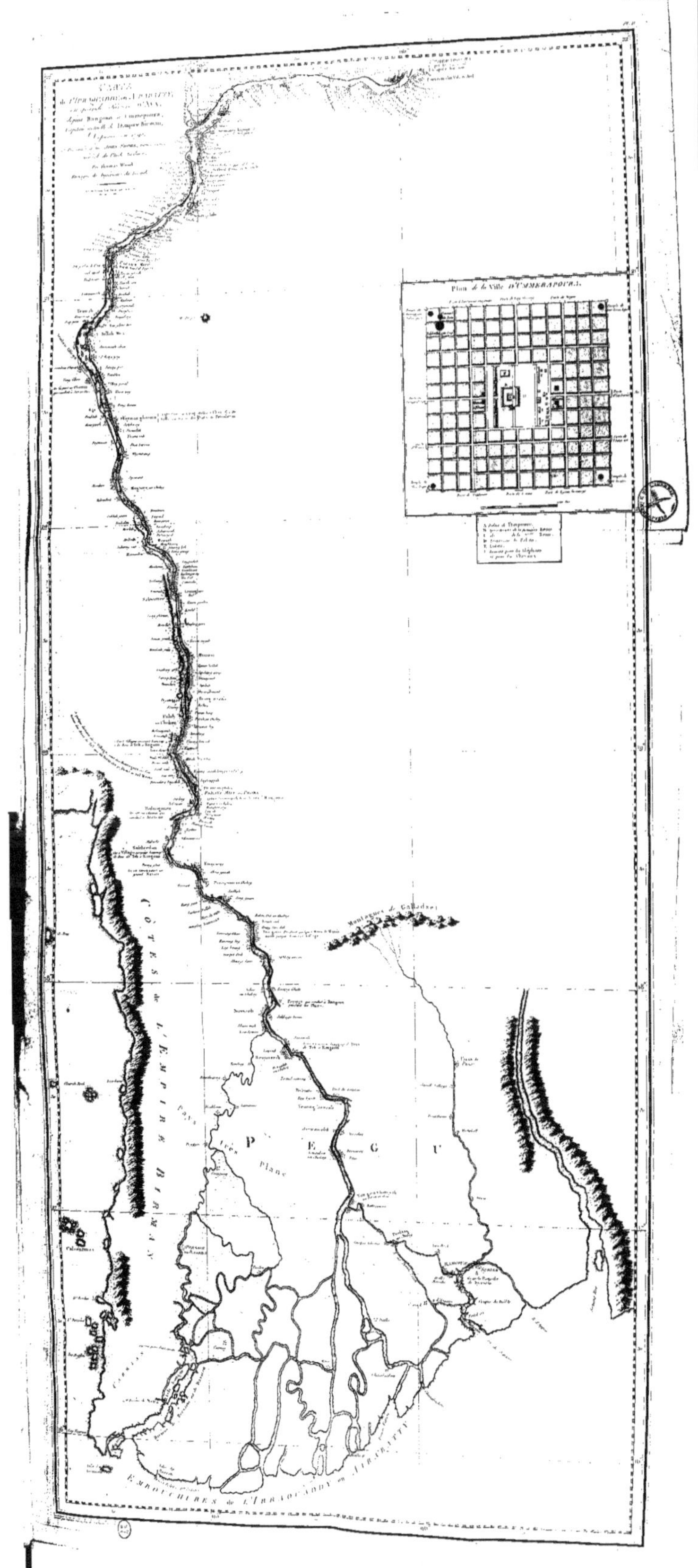

Carte
de l'Empire Birman et royaume d'Ava
Plan de la Ville D'UMMERAPOURA.
CÔTES de L'EMPIRE BIRMAN
Montagnes de Galladzei
Pays les Plans
P E G U
EMBOUCHURES de L'IRRAOADDY ou L'IRRAOUDY
A Palais de l'Empereur.
B Logement de la première Reine.
C de la seconde Reine.
D Logement de l'Edict.
E Ecuries.
F Enceinte pour les Eléphants et pour les Chevaux.

Gravé par Tardieu l'ainé Rue de Sorbonne N.° 35.

Temple de Schoé-Madou à Pegu.

PLAN HORISONTAL DU TEMPLE DE SCHOE-MADOU

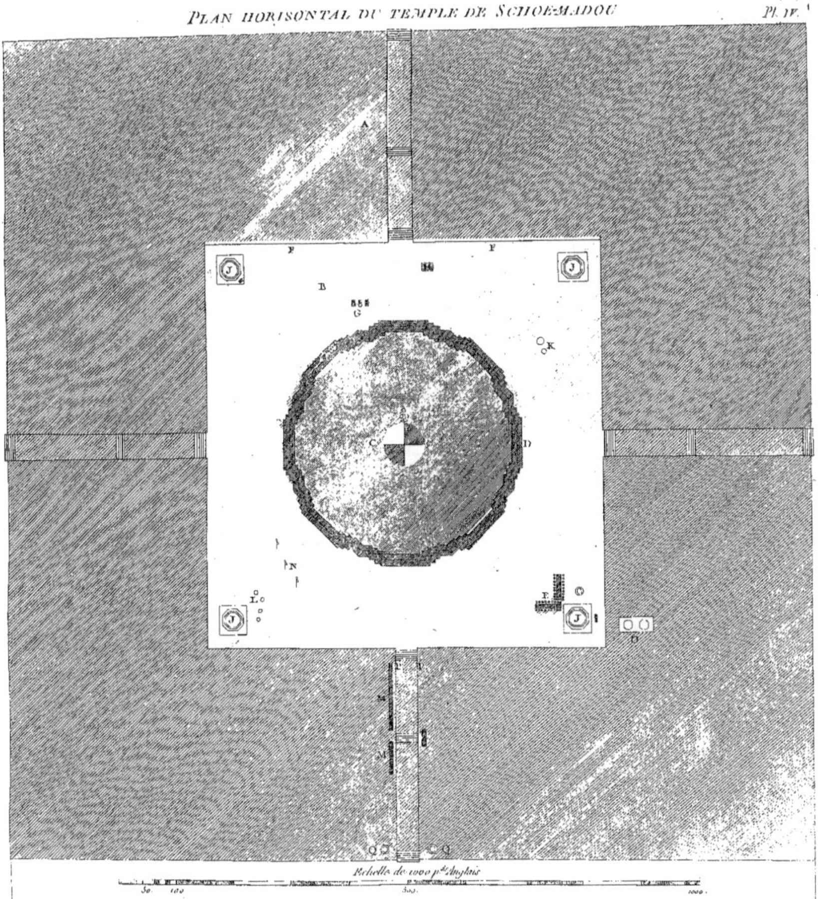
A
B
C
D
G
K
L
N
O
Q Q
Q Q
50 100
500
1000

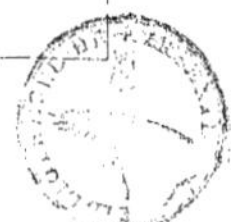

Echelle de 1000 p.ds Anglais

A Terrasse inférieure élevée de 10 pieds et ayant 1391 p.ds sur chaque face.
B Terrasse supérieure de 20 pieds d'élévation et 684 pieds sur chaque face.
C Base de la Grande Pagode 162 pieds sur chaque face.
D Deux rangs de petites Pagodes.
E Deux Kioums non achevés.
FF Appentis pour les Dévotes.
G Trois Cloches suspendues entre des Colonnes.
H Petit Edifice où il y a une table de Marbre avec des inscriptions.
J Pagodes de médiocre grandeur.
K Statues de Thagiamis et de Mahasumderi.
L Démons gardiens de la Pagode.
MM Kioums ou Maisons des Rhahans.
N Etendards cylindriques.
O Pagodes et Ruines.
PP Figures de Lions qui gardent la porte.
QQ Deux Puits.

Gravé par Tardieu l'ainé, rue de Sorbonne N.° 385.

Rhahaans ou Prêtre Birman?

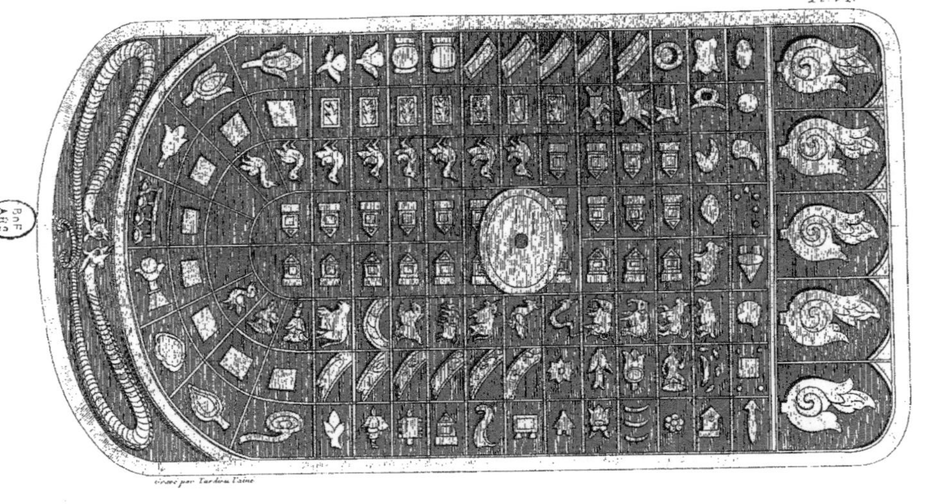

Gravé par Tardieu l'aîné.

Empreinte du Pied de Gaudma?

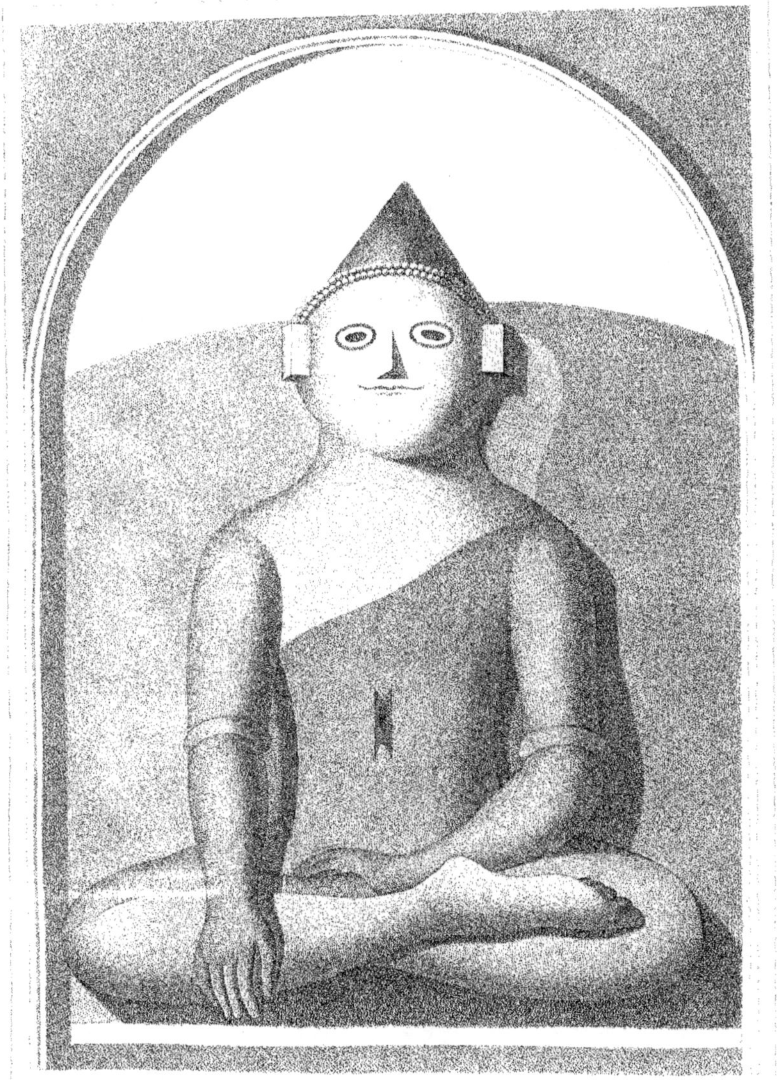

Gravé par Tardieu l'aîné.

Statue de Boudh à Gaya dans le Bengale.

Pl. VIII.

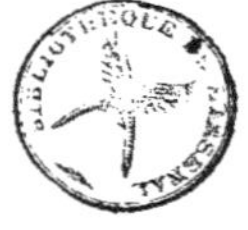

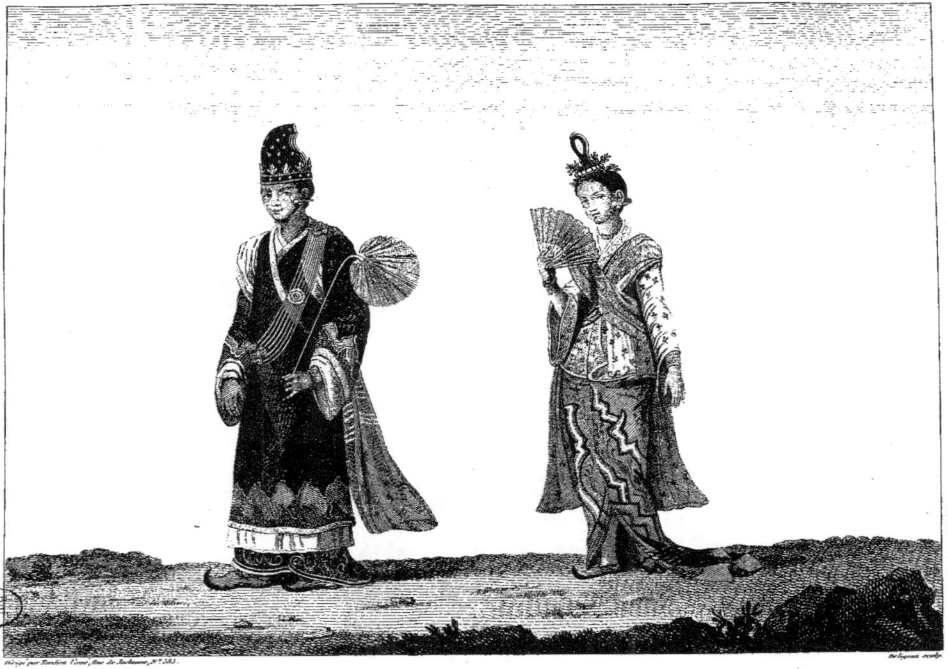

Dirigé par Tardieu l'ainé, Rue de Sorbonne, N°. 383. Delignon sculp.

Un Woungée et sa Femme, en habits de cérémonie.

Gravé par Tardieu l'ainé Rue de Sorbonne N.º 385.   Delignon Sculp.

Woundock et sa Femme,
dans leurs habits de cérémonie.

Dessiné par Tardieu l'aîné.

Delignon Sculp.

Attamoun, ou Ministre du second rang   Seré-dogée,
avec sa Femme.   ou Secrétaire d'État.

Tous en habit de cérémonie.

Pl. XI.

Dessiné par Tardieu l'aîné.   Dubois Sculp.

Paysan Birman et sa Femme.

Dessiné par Tardieu l'ainé.   Delignon Sculp.

Cavalier Cassayer.

Birman	Sanscrit	Son	Nom	en Français
		Kă		Ka-gué
		'Kă		'Ka-guè
		Gă		Gă-ngaï
		'Gă		Gă-gié
		Ngă		Nga
		Ză		Za-broun
		'Ză		'Za-lein
		Să		Sa-gué
		'Să		'Sa-maïn-soua
		Gna		Gna
		Tă		Ta-tha-gnaïn-gieit
		'Tă		'Ta-oun-ba
		Dă		Da-yaïn-gauk
		'Dă		'Da-rè-moup
		Nă		Na-gié
		Tă		Ta-oun-bou
		'Tă		Ta-xaïn-dou
		Dă		Da-doué
		Dhă		Dha-onk-kraik
		Nă		Na-ngaï
		Pă		Pa-zauk
		'Pă		'Pa-out-toup
		Bă		Ba-tak-kiaik
		'Bă		Ba-goum
		Mă		Ma
		Yă		Ya-pat-tak
		Ră		Ra-yauk
		Lă		Lă
		Chă Să		Chă-Să
		Wă		Oua
		Bă		Bă
		Lă		Lă-gié
		Ă		A

1	2	3	4	5	6	7	8	9	1000	1100	2010	100000

Le PALI ou TEXTE SACRÉ des BIRMANS.

Ligne d'Écriture en Caractères Birmans.

Pl. XIV.

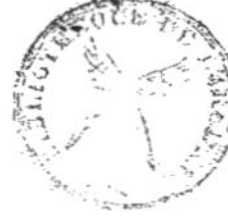

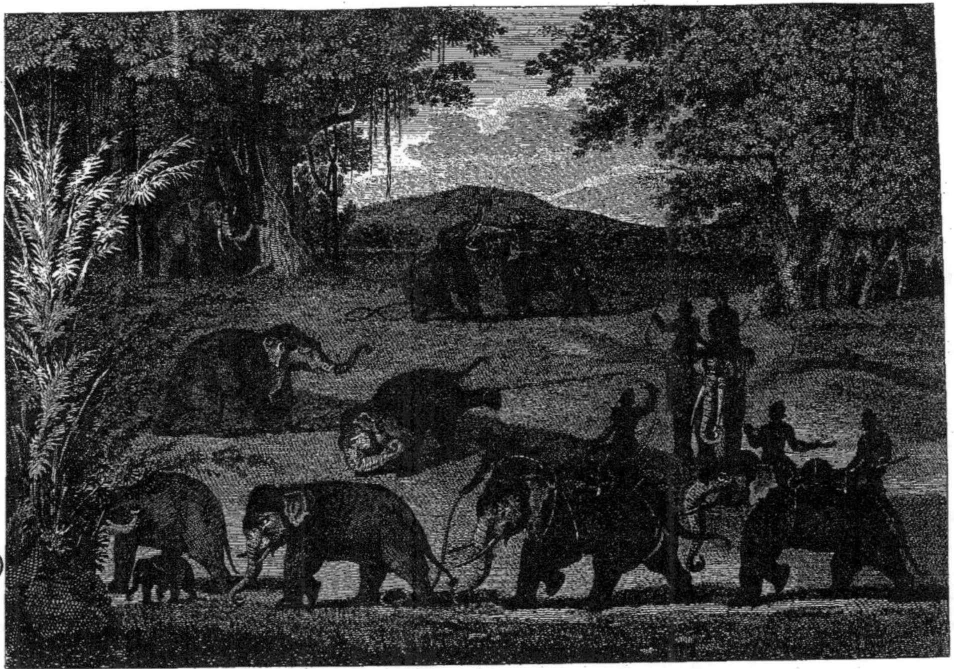

Gravé par Tardieu l'aîné

Manière de prendre les Eléphants sauvages,
dans les Forêts du Royaume d'Ava.

Gravé par Tardieu l'Ainé

Statue de Gaudma
dans un Temple d'Ummerapoura

Pl. XVI.

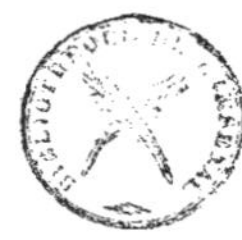

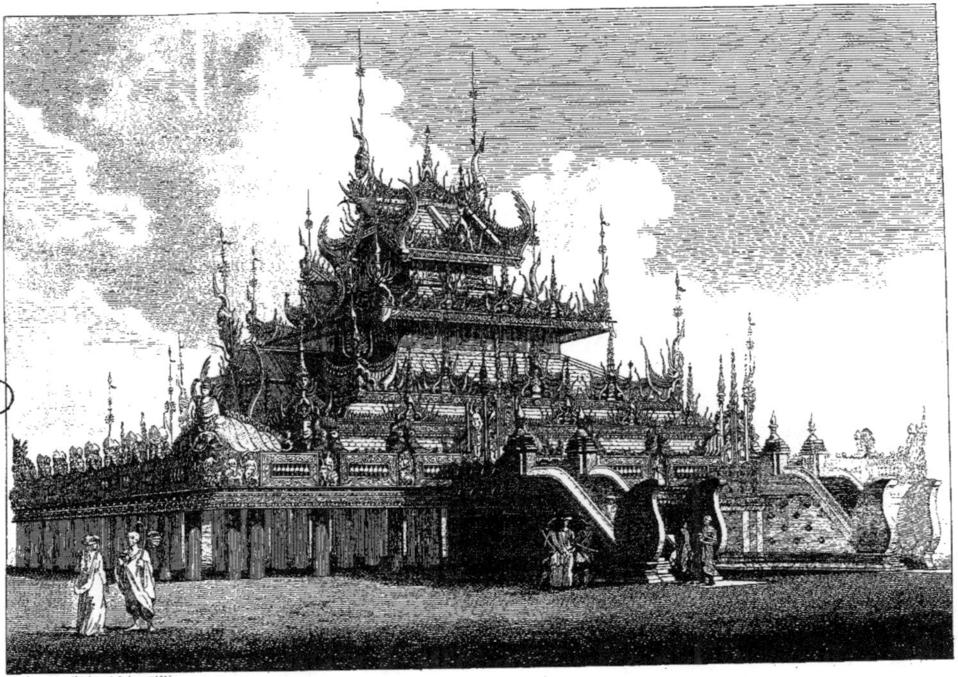

Gravé par Tardieu l'Ainé, Rue de Rochouart, N.° 335.

Kioum ou Monastère de Rhahaans.

Gravé par Vardien l'ainé, Rue de Sorbonne, N.º 349.

Vue de la Cour d'Ummerapoura,

au moment de la réception de l'Ambassadeur Anglais.

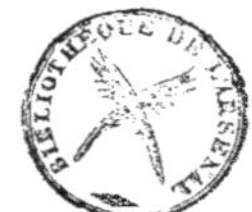

Pl. XVIII.

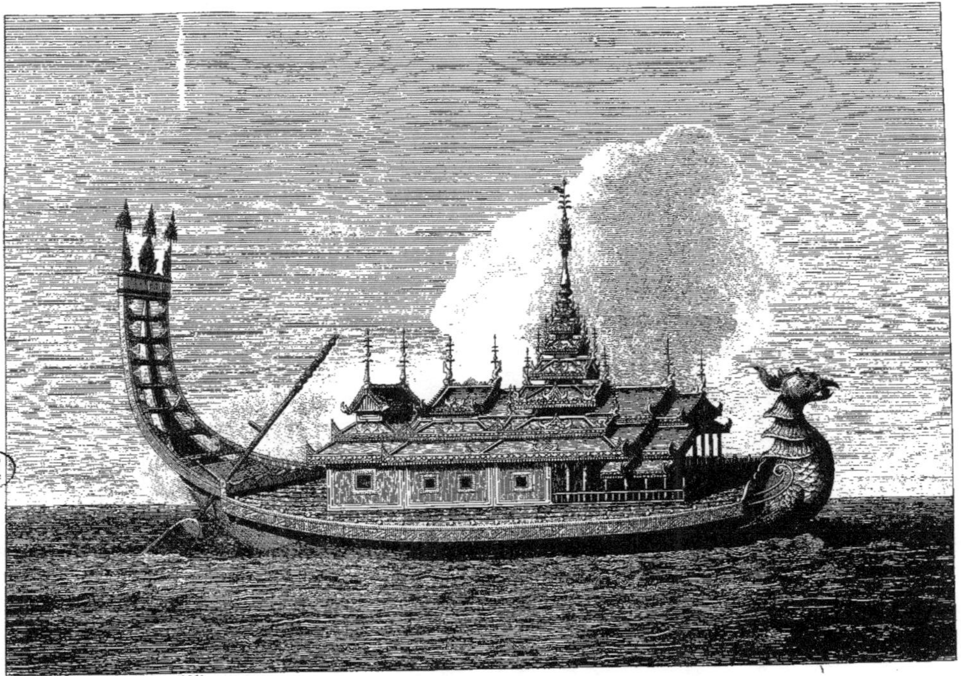

Gravé par Tardieu l'ainé Rue de Sorbonne N° 385.

Schoë-Paun-Dogée, ou Yacht de cérémonie de l'Empereur Birman.

Dirigé par Tardieu l'ainé.   Niquet Sculp.

Chaloupe de Guerre des Birmans.

Pl. XX.

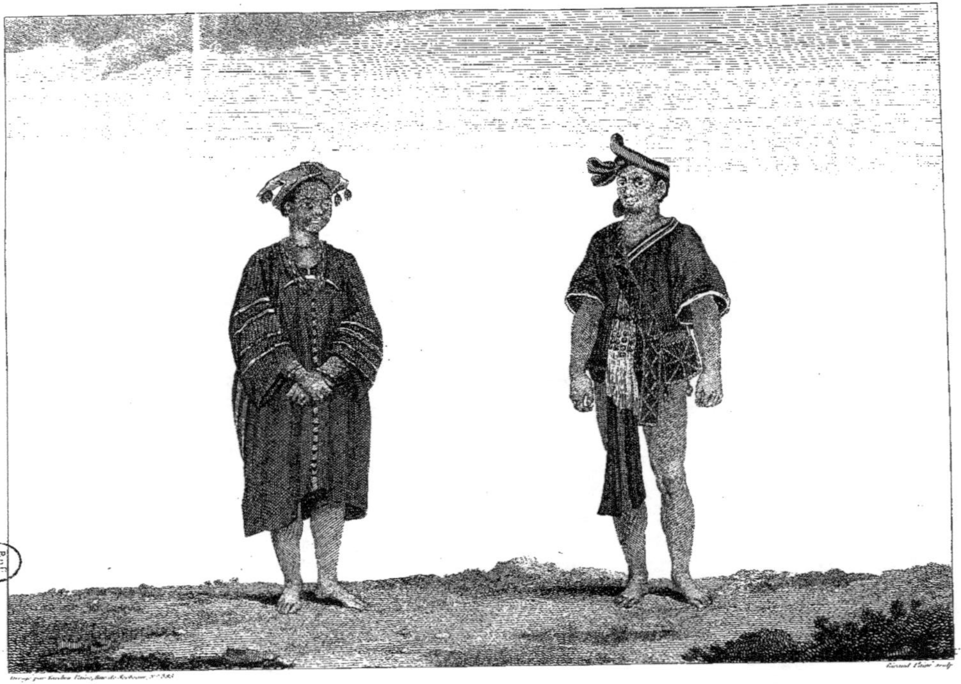

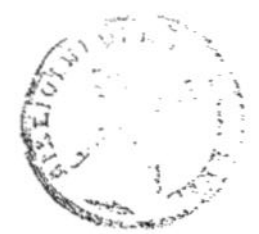

Un Montagnard et sa Femme, de la tribu des Kaïns.

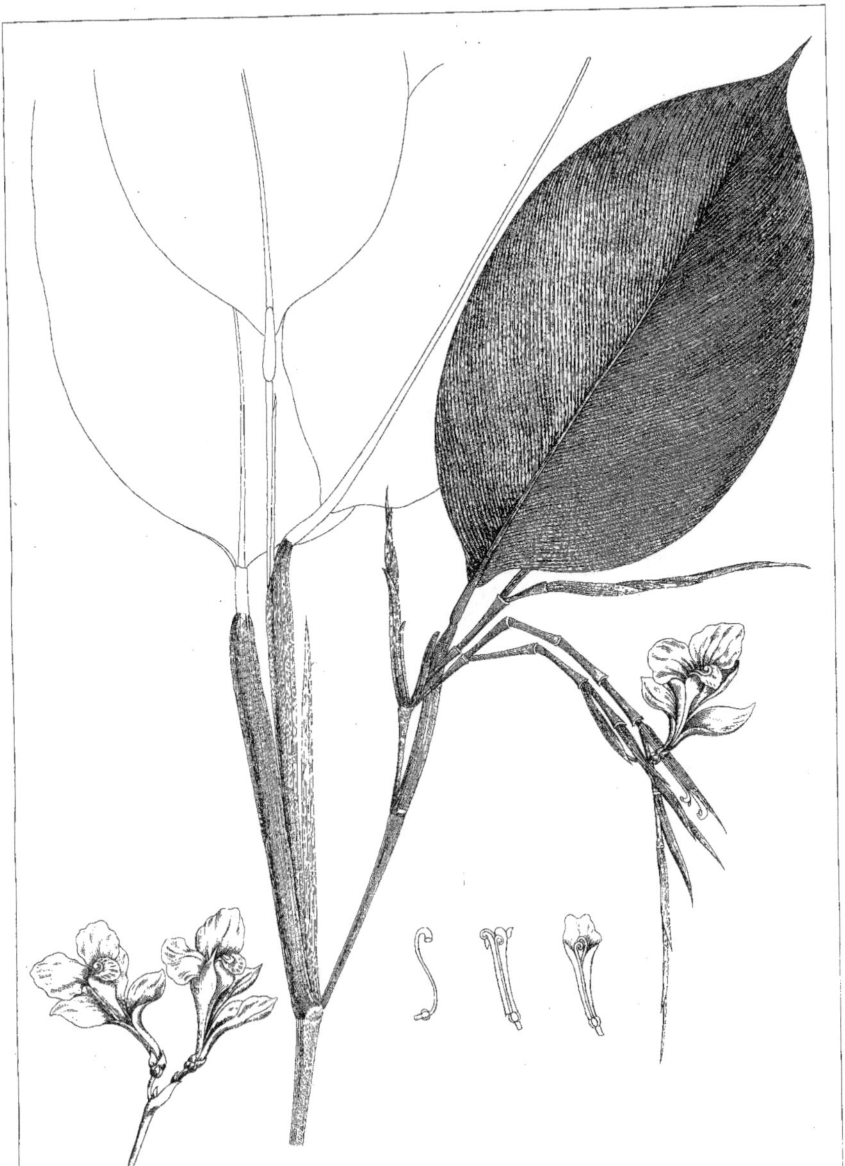

Thalia canneformis.

Pl. XXII.

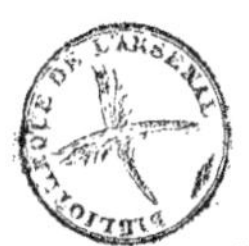

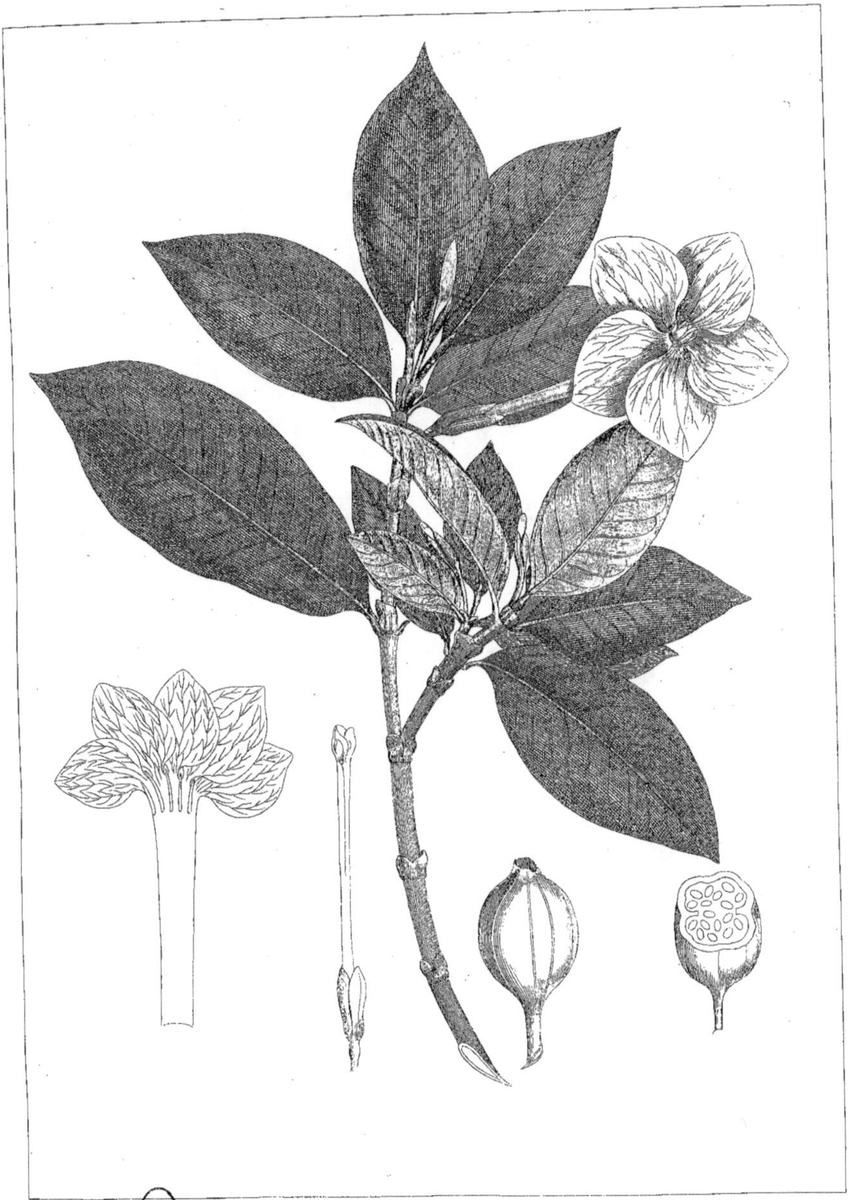

Gravé par Tardieu l'Aîné

Gardenia coronaria.

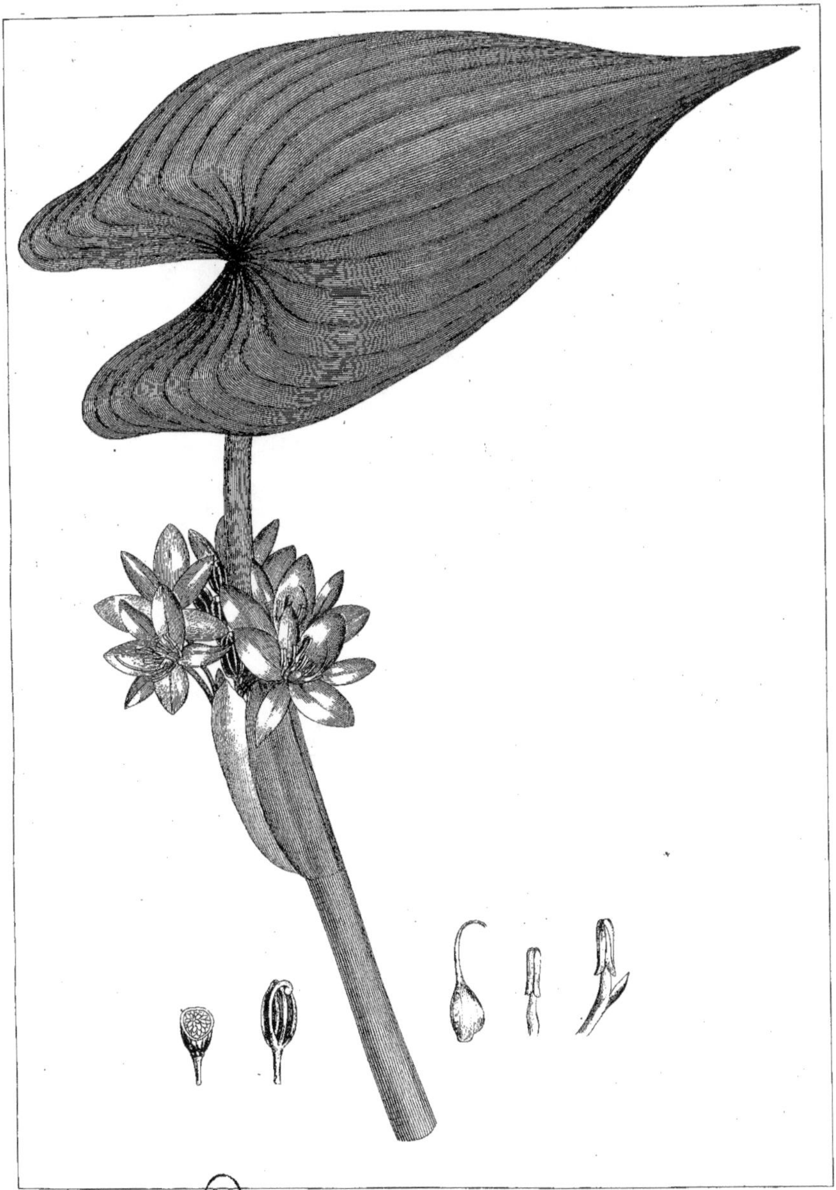

...avé par Tardieu l'ainé, Rue de Sorbonne, N° 383.

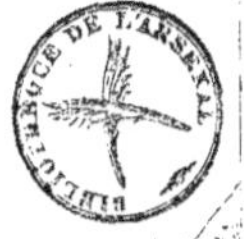

Pontederia dilatata.

Bauhinia diphylla.

Sonneratia apetala.

Gravé par Tardieu l'ainé.

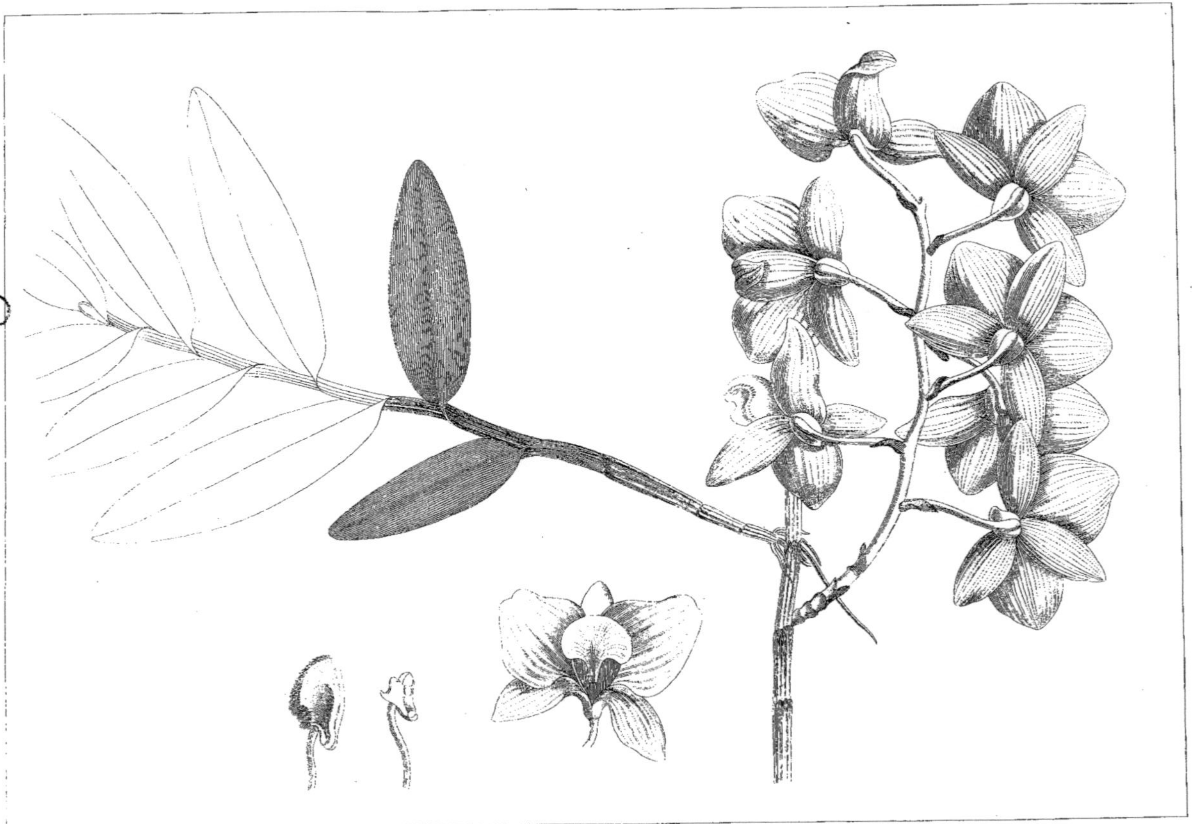

Epidendrum moschatum.

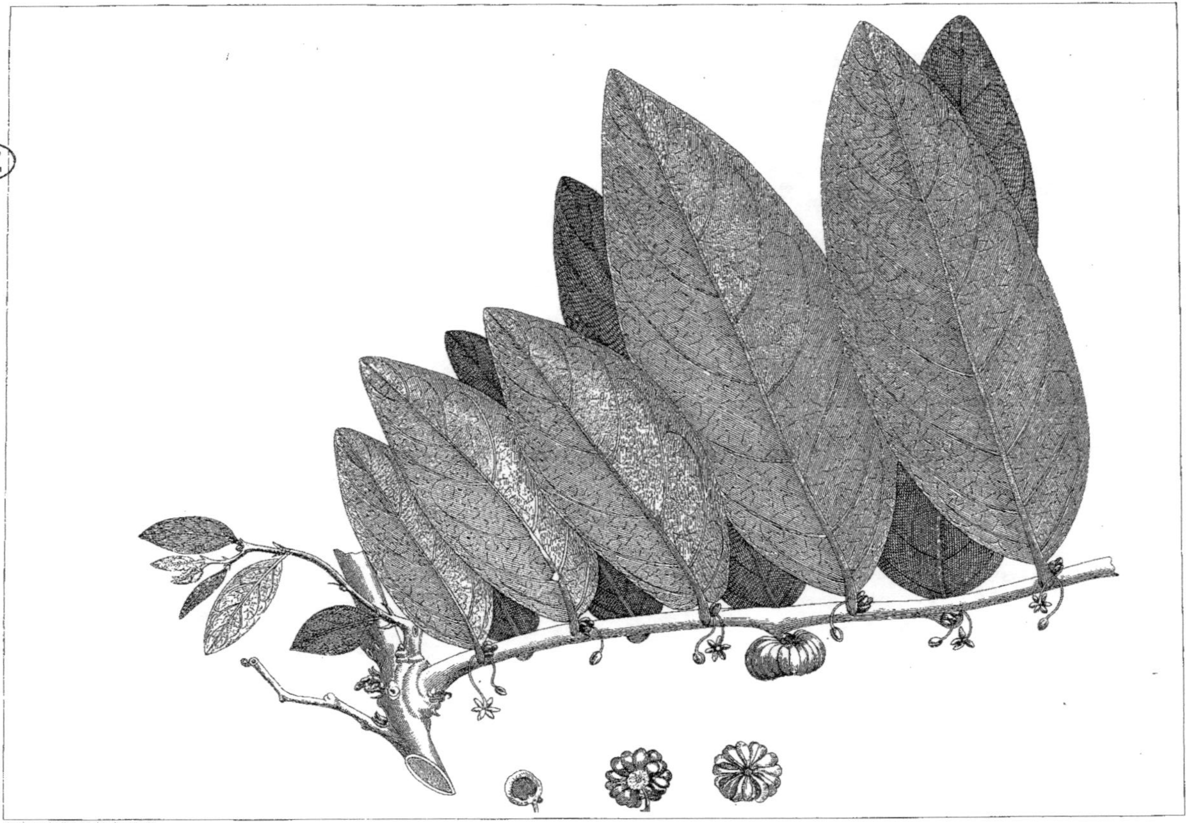

Pl. XXVII.
Zygyneja coccinea. ထဗင် ːဆုပ်ဖြူ

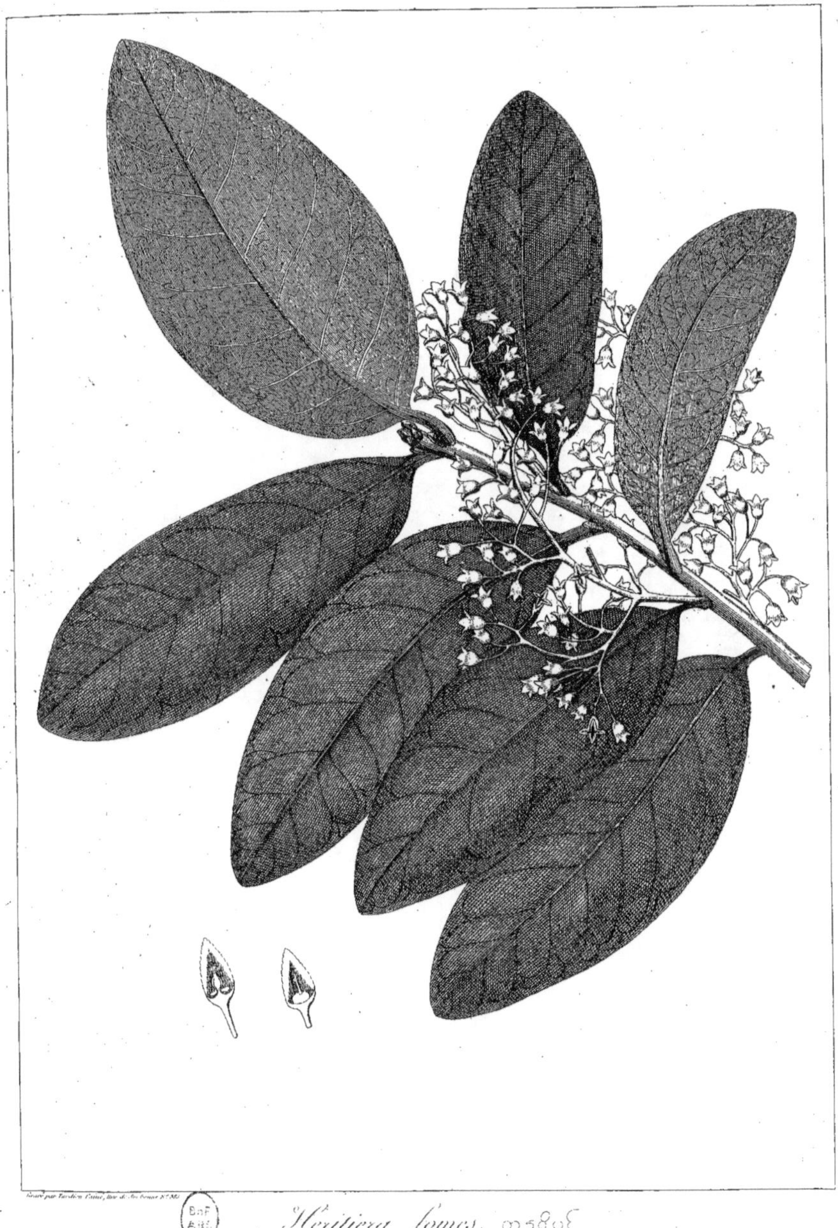

Gravé par Tardieu [illegible], Rue de Sorbonne N° [illegible]

Heritiera fomes. ကနစို

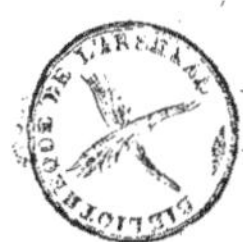

Gravé par Tardieu l'ainé.

Naturels de la rive septentrionale du Mafumo,
l'un desquels fume de la Banque.

Naturels de la rive septentrionale du Mafumo,
en habits de guerre.

www.ingramcontent.com/pod-product-compliance
Lightning Source LLC
Chambersburg PA
CBHW051628060726
47597CB00004B/1482